BEI GRIN MACHT SICH IHR WISSEN BEZAHLT

AF136204

- Wir veröffentlichen Ihre Hausarbeit,
  Bachelor- und Masterarbeit

- Ihr eigenes eBook und Buch -
  weltweit in allen wichtigen Shops

- Verdienen Sie an jedem Verkauf

Jetzt bei www.GRIN.com hochladen und kostenlos publizieren

Persönlichkeitsmerkmale. Eysencks Modell, Sensation Seeking, Ängstlichkeit und Persönlichkeitsstörungen

Monika Miller

Bibliografische Information der Deutschen Nationalbibliothek:

Die Deutsche Nationalbibliothek verzeichnet diese Publikation in der Deutschen Nationalbibliografie; detaillierte bibliografische Daten sind im Internet über http://dnb.d-nb.de abrufbar.

ISBN: 9783346732743
Dieses Buch ist auch als E-Book erhältlich.

© GRIN Publishing GmbH
Nymphenburger Straße 86
80636 München

Druck und Bindung: Books on Demand GmbH, Norderstedt Germany
Gedruckt auf säurefreiem Papier aus verantwortungsvollen Quellen

Das vorliegende Werk wurde sorgfältig erarbeitet. Dennoch übernehmen Autoren und Verlag für die Richtigkeit von Angaben, Hinweisen, Links und Ratschlägen sowie eventuelle Druckfehler keine Haftung.

Das Buch bei GRIN: https://www.grin.com/document/1263470

Inhalt

Abkürzungsverzeichnis

HSS	High Sensation Seeker
POTS	Pediatric OCD Treatment Study 2004
SSS	Sensation Seeking Scale
ZPS	Zwanghafte Persönlichkeitsstörung

Aufgabe A1

Die Persönlichkeitstypologie Eysencks

Der 1934 von Berlin nach London emigrierte Jude Hans Jürgen Eysenck (1916-1997) lehrte und forschte lange Jahre am Londoner Institute of Psychiatry. Eysenck war davon überzeugt, dass jeder Mensch angeborene und wenig beeinflussbare Eigenschaften hat. In der Tradition von Allport (1897-1967) sah Eysenck, der in wechselnden Teams zu dem Thema forschte (u.a. auch mit seiner Ehefrau Sybil zusammen), Persönlichkeit als eine individuelle Mischung aus zeitlich stabilen Verhaltensmustern, die Traits genannt werden. Diese Traits verdichtete er durch jahrelange Forschung an psychisch kranken und psychisch gesunden Menschen zu drei Persönlichkeitsdimensionen (Myers, 2014, S. 569).

Während Allport Traits als idiographischen Ansatz begriff, also jeden Menschen als unvergleichliches Individuum interpretierte, dessen einzelne Eigenschaften nicht isoliert betrachtet werden sollten, hatte Eysenck genau wie Catell und Guilford großes Interesse am nomothetischen Ansatz der Persönlichkeitsforschung, also dem Finden von Gesetzmäßigkeiten. Insbesondere durch Bezugnahme auf genetische Faktoren. Dadurch wurde die Persönlichkeitspsychologie als Wissenschaft überhaupt erst empirisch vergleichbar (Eckardt, 2017, S. 107–108).

Nachgewiesen hat er dies mit psycho-experimentellen Versuchsanordnungen, die die traditionelle, statistische Faktorenanalyse per Fragebögen der Differentiellen Psychologie mit den experimentellen Methoden der Allgemeinen Psychologie bereicherten. Eysenck hat Theorien aus der Differentiellen Psychologie anhand von wissenschaftlichen Hypothesen empirisch überprüft und dabei Möglichkeiten eröffnet, nicht nur eine Deskription interindividueller Differenzen vorzunehmen, sondern sie auch erklären zu können. Eysenck hat es geschafft, die meisten seiner Thesen wissenschaftlich korrekt und überprüfbar zu formulieren. Er hat Ursachenforschung betrieben und dabei biologisch-genetische Grundlagen vorausgesetzt. Dadurch ist sein hierarchisches Modell der Persönlichkeit entstanden, das auf drei Persönlichkeitsdimensionen oder auch Typen festgelegt ist: Psychotizismus, Neurotizismus und Intro-/Extraversion (Amelang & Bartussek, 2001, S. 328).

Zunächst, im Jahr 1947, ging Eysenck nur von zwei Persönlichkeitsdimensionen aus, nämlich Intro-/Extraversion und Neurotizismus, die er fünf Jahre später um die Dimension Psychotizismus ergänzte. Diese drei Typen versteht er wie folgt:

Intro-/Extraversion ist eine bipolare Dimension mit den beiden gegenüber gelegenen äußeren Punkten Introversion und Extraversion. Dazwischen auf einer Skala befinden sich die Werte jedes Menschen. Starke Werte in Richtung Introversion beschreibt Menschen als reserviert, in sich gekehrt, kontrolliert und zurückhaltend in ihren emotionalen Äußerungen und als planerisch veranlagt. Hohe Werte in Richtung Extraversion beschreibt Menschen als gesellig, impulsiv und aktiv, eher sorglos, optimistisch und spontan.

Neurotizismus versteht Eysenck als Disposition zu starker Sensibilität, Ängstlichkeit, geringem Selbstwertgefühl und Schwermut. Biologisch bedingt durch eine Dominanz des Autonomen Nervensystems, so glaubte er, hat eine Person mit hohen Werten auf der Neurotizismus-Skala eine niedrige Resilienz bei Stress.

Psychotizismus ist genau wie Neurotizismus als Disposition zu verstehen, also als eine gewisse Wahrscheinlichkeit, im Rahmen von entsprechenden Lebensumständen aggressives und antisoziales Verhalten zu entwickeln, im Extremfall bis zur funktionalen Psychose. Einher geht diese Disposition mit einem hohen Kreativitäts-Potential. Menschen mit geringen Werten auf der Psychotizismus-Skala haben eine niedrigere Wahrscheinlichkeit, ein solches Verhalten zu entwickeln.

Diese drei Typen stellen die übergeordneten, sehr abstrakten Persönlichkeitsdimensionen in Eysencks Ansatz dar und sind sogenannte Typenfaktoren oder sekundäre Faktoren, die jeweils wiederum hierarchisch aufgebaut bzw. zusammengesetzt werden. So setzt sich der Typ Extraversion zum Beispiel aus Traits wie Kontaktfreudigkeit, Lebhaftigkeit, hohe Aktivität und Dominanz (u.a.) zusammen, die selbst wiederum eine Ebene tiefer aus einer Zusammensetzung bestehen, sog. Habits (Gewohnheiten). In der vierten und letzten Ebene setzen die Habits sich wiederum aus situationsbezogenen spezifischen Reaktionen zusammen (Rammsayer & Weber, 2016, S. 223).

Für die Dimension Intro-/Extraversion bezog sich Eysenck auf die Typenlehre von C.G. Jung von 1921, der postulierte, dass jeder Mensch intro- und auch extravertierte Anteile besitzt und dass die Einstellung des Menschen mit deren Ausprägung verbunden ist. Für die Dimension Neurotizismus benutzte Eysenck das Wundt'sche Modell, genauer gesagt die Dimension stabil-instabil: „Schnelligkeit des Wechsels der Gemütsbewegungen" von 1903, das auf der hippokratischen Typenlehre von

Phlegmatikern, Sanguinikern, Melancholikern und Cholerikern als angeborene Temperamente beruhte. Aus diesen beiden Primär-Dimensionen entwickelte Eysenck 1953 das viel beachtete E-N Modell (später PEN-Modell, mit Psychotizismus inkludiert). 1967 konnte Eysenck eine erste neurowissenschaftliche Theorie zur biologischen Ursache dieser beiden Typen vorstellen, die auf aktuellen Forschungsergebnissen zur Aufmerksamkeitssteuerung durch Aktivität des aufsteigenden retikulären aktivierenden Systems (ARAS) im Hirnstamm basierte. Nach dieser Arousal-Theorie haben Introvertierte von Natur aus eine niedrigere Aktivierungsschwelle als Extravertierte, was das Vermeiden anregender Umgebung und Menschen erklärt, um nicht überstimuliert zu werden. Extravertierte brauchen mehr Stimulation von außen, um auf das gleiche Maß an Arousal zu kommen (Asendorpf, 2019, S. 53–54).

Die Gültigkeit der Arousal Theorie hat sich mit Hilfe moderner Forschungsmethoden im fMRT empirisch belegen lassen, wenngleich die ARAS-Theorie deutlich differenzierter und komplexer ist als Eysenck angenommen hat (Rammsayer & Weber, 2016, S. 231).

Eysencks Vermutung, dass Neurotizismus durch eine vermehrte Aktivität des limbischen Systems verursacht wird, konnte bisher nicht bestätigt werden, regte die neurowissenschaftliche Forschung aber sehr an (Asendorpf, 2019, S. 56).

Der größte Verdienst Eysencks liegt wohl darin, die Persönlichkeitsforschung inhaltlich und methodisch durch die experimentelle und empirische zweigleisige Arbeitsweise bereichert zu haben. Eysenck hat damit gleichermaßen einen signifikanten Beitrag zur Differentiellen wie auch zur Allgemeinen Psychologie geleistet und die Forschung angeregt (Amelang & Bartussek, 2001, S. 362)

Das PEN- Modell Eysencks ist nach heutiger Sicht zwar noch durchaus relevant, greift aber mit seinen nur drei Faktoren zu kurz. Es wurde darum mithilfe des psycholexikalischen Ansatzes weiterentwickelt und modifiziert zu den sog. „Big Five", einem Fünf-Faktoren-Modell. Dieses Modell gilt bis heute als die beste und wissenschaftlich fundierteste Darstellung der wichtigsten Persönlichkeitsdimensionen. Der Glaube der Eysencks an die genetische Disposition der Faktoren der Persönlichkeitsdimensionen konnte bestätigt werden und liegt bei jeder Dimension um die 50% (Myers, 2014, S. 570–573).

Trotz der wissenschaftlich fundierten Überlegenheit der „Big Five" ist die am meisten angewandte und auch die bekannteste Persönlichkeitstypologie in der aktuellen praktischen Personalarbeit der Myers-Briggs-Typenindikator (MBTI®), trotz wissenschaftlicher Anzweiflung seiner Aussagefähigkeit (Hossiep & Weiß, 2017, S. 170).

Der MBTI® wurde von Isabel Briggs Myers zusammen mit ihrer Mutter Katherine Briggs in den USA der 1940er Jahre als Instrument entwickelt, um Menschen C.G. Jungs Persönlichkeitstypen zuzuordnen, die er 1921 veröffentlicht hatte. Die beiden Forscherinnen modifizierten Jungs Theorie dahingehend, dass sie die inneren Prozesse menschlichen Verhaltens sichtbar machten. Jung war überzeugt, dass Menschen ihr ganzes Leben lang nach Entwicklung ihrer Persönlichkeit und Talenten streben und dass die Wahrnehmung und kognitive Verarbeitung der Reize durch die Außenwelt bei vielen Menschen sowohl Ähnlichkeiten als auch Unterschiede aufweisen. Daraus entstanden vier Analysekategorien, deren Extrempole einander entgegen gesetzt sind. Jeder Mensch befindet sich mit seiner Einstellung und Wahrnehmung der Welt bzw. in der Art seiner Entscheidungsfindung an einem Punkt auf den Skalen zwischen diesen Extrempunkten. Die vier Kategorien sind Extraversion versus Introversion, Empfinden versus Intuition, Denken versus Fühlen und Urteilen versus Wahrnehmen. Isabel Briggs Myers entwarf in jahrelanger Forschung einen Fragebogen zur Selbstanalyse mit 90 Fragen, der Handlungspräferenzen erfasst. Je nach Nähe der Antworten zum entsprechenden Extrempunkt wird man dem zugeordnet und erhält so seinen Typencode, der aus vier Buchstaben besteht. Es gibt also insgesamt im MBTI® sechzehn verschiedene Typen, die alle Kombinationen aus den Gegensatzpaaren sind (Scharlau, 2004, S. 16).

Die Aussagekraft des MBTI® wird aus wissenschaftlicher Sicht stark angezweifelt. Die sechzehn Typen erlauben keine feinstufige Einstufung, da sie nach dem Forced-Choice-Prinzip zugeordnet werden, was insgesamt den vielfachen menschlichen Facetten nicht gerecht werden kann. Auch sind C.G. Jungs Studien zu den Persönlichkeitstypen eher unwissenschaftlich aus seinen eigenen Erfahrungen erfolgt, also nicht wissenschaftlich überprüfbar. Warum ist der MBTI® dann aber so erfolgreich in der Personalentwicklung geworden?

The Myers-Briggs-Company vertreibt erfolgreich seit Jahren ihre Testverfahren und weiterführenden Coachings und Beratungen weltweit. Der Typentest ist im Original nur bei diesem einen Unternehmen kostenpflichtig erhältlich und wird immer durch einen lizensierten Trainer durchgeführt und nachbereitet. Die Unternehmen kaufen also das komplette Paket als externe Dienstleistung, was einen großen Teil des Erfolges erklärt. Das ist bequem, wird professionell durchgeführt, ist messbar und entlastet die Personalabteilung. Mehr als 2 Millionen Menschen absolvieren den Test jährlich und er wurde bereits in 29 Sprachen übersetzt. Kunden sind vor allem die großen Top-Unternehmen, die damit ihre Personalauswahl und -entwicklung betreiben (The Myers-Briggs-Company Ltd., 2022).

Als reiner Typentest bildet der MBTI® keine Fähigkeiten ab, sondern nur Handlungspräferenzen und Denkweisen des Probanden. Er ist darum für die Personalauswahl in Einstellungsverfahren nicht geeignet. In Coaching und Karriereberatung hat er sich allerdings bewähren können, da er dort als nützliches Instrument eingesetzt werden kann, um eigene Stärken und Talente zu erkennen und weiterzuentwickeln bzw. um die Andersartigkeit der Teammitglieder besser akzeptieren zu können. Unterschiede in Handlung und Denkweise werden bei Teamkonflikten wertfreier wahrgenommen und ein konstruktiver Umgang kann so gefördert werden (Scharlau, 2004, S. 13–14).

Als Teamentwicklungstool und in der Personalentwicklung ist der MBTI® durchaus empfehlenswert, wenn er als Instrument zum Aufdecken von Präferenzen der beruflichen und persönlichen Entwicklung und zum Schlichten von Konflikten innerhalb des Teams durch Selbsterkenntnis und Akzeptanz eingesetzt wird. Der bekannte Trainer Dieter Hohl hält Typentests auch für ein gutes ergänzendes Tool, wenn man spezielle Positionen im Unternehmen zu besetzen hat, wie beispielsweise einen Verkaufsleiter, der unbedingt extravertiert sein sollte, um erfolgreich arbeiten zu können. Er rät aber dazu, sich niemals allein auf dieses Tool zu verlassen, sondern immer auch Interviews zu führen, Fähigkeiten abzutesten und bisherige Leistungen in die Einstellungs- oder Weiterentwicklungsentscheidung mit einzubeziehen und vor allem seiner eigenen Urteilskraft zu vertrauen (Hohl, 2021, S. 20).

Für die Personalarbeit ist ein wissenschaftlich fundierter Persönlichkeitstest wie der NEO-PI-R, der auf dem Fünf-Faktoren-Modell basiert, unbedingt vorzuziehen. Gerade die Eigenschaften Gewissenhaftigkeit und Neurotizismus sind sehr interessant für Arbeitgeber, um sowohl Einstellung als auch Weiterentwicklung zu entscheiden (Asendorpf, 2019, S. 146–147). Das erfordert aber kompetente Personalentscheider, die solche Tests auch auswerten können. Vermutlich ist deswegen der MBTI® so beliebt, da er als Gesamtlösung vermarktet wird.

Aufgabe A2

Das Konzept „Sensation Seeking" von Marvin Zuckerman

In den 1960er-Jahren entdeckte Marvin Zuckerman während der experimentalpsychologischen Erforschung interindividueller Unterschiede in der Reaktion auf sensorische Deprivation, dass das Bedürfnis nach Stimulation bzw. nach den davon hervorgerufenen Sinneseindrücken (engl.: sensations) bei Menschen interindividuell systematisch variiert. Menschen suchen laut Zuckerman unterschiedlich starke Sinneseindrücke, um jeweils ihren persönlichen hedonischen Tonus zu erreichen. Dabei ist nicht unbedingt die Stärke einer Stimulation entscheidend, sondern auch der Neuheitswert, die Komplexität und ihre Besonderheit, das Ungewöhnliche einer Erfahrung. „Sensation Seeking" ist eine Persönlichkeitseigenschaft, ein Trait, zeitlich also langfristig stabil, die beinhaltet, immer neue und interessante Erfahrungen machen und intensive Stimulationen erleben zu wollen, auch wenn dafür verschiedene Risiken eingegangen werden müssen (Amelang & Bartussek, 2001, S. 386).

Zuckerman geht davon aus, dass jeder Mensch danach strebt, sein optimales individuelles Erregungs-Niveau zu erreichen, das über unsere physiologischen Bedürfnisse hinaus existiert. Die persönlich stark differierende Ausprägung dieses Merkmals hat biopsychologische Ursachen. Zuckerman entdeckte, dass Menschen mit hohen Werten auf der Sensation Seeking Scale genetisch bedingt entweder eine zu geringe Noradrenalin-Aktivität im limbischen Gehirn aufweisen oder dass ihr noradrenerges System weniger sensitiv ist. Um eine als angenehm empfundene, mittlere Aktivität des noradrenergen Systems zu erreichen, suchen Sensation Seeker nach mehr Stimulation, um die zu niedrige Konzentration des Hormons Noradrenalin zu erhöhen (Zuckerman, 1994 nachRaab, 2016, S. 175).

Ein weiterer beeinflussender Faktor für SS ist das Lebensalter. Je mehr es fortschreitet, umso weniger anregende Stimulation wird gesucht und benötigt, um das persönliche optimale Stimulationsniveau zu erreichen (Roth, 2003, S. 10).

Das Konzept „Sensation Seeking" ist so eng mit der Person Marvin Zuckerman verbunden, da er selbst im Grunde seine ganze Wissenschaftskarriere der Erforschung und Ausdifferenzierung dieser Eigenschaft gewidmet hat. Er hat mit wechselnden, teils namhaften Team-Kollegen (u.a. H.-J. Eysenck) über 40 Jahre lang darüber geforscht. Das Grundkonzept, das er Anfang der 1960er Jahre entwickelte, hat er im Wesentlichen bis zu seiner letzten Publikation 2006 beibehalten und es immer weiter ergänzt, untermauert und überarbeitet. Vor allem die Theorie des optimalen Erregungsniveaus, die er durch empirische Forschung nicht eindeutig belegen konnte, musste er teilweise revidieren. Die Inkaufnahme von Risiken durch „Sensation Seeker" musste auch relativiert werden, da nicht immer Risiken eingegangen werden müssen, um neue und aufregende Erfahrungen zu machen. In der Definition des Konzepts bleibt die Inkaufnahme von Risiken allerdings enthalten (Roth, 2003, S. 11).

Zur Messung der Ausprägung der mehrdimensionalen Eigenschaft „Sensation Seeking" entwickelte Zuckerman bereits 1964 eine erste Sensation Seeking Scale (SSS), die er und sein Team bis in die 1990er-Jahre stetig weiterentwickelten und anpassten. Dabei kamen sie bei den Faktorenanalysen der SSS immer wieder auf vier Unterfaktoren des Konstrukts Sensation Seeking, die Zuckerman als Primärfaktoren der einheitlichen allgemeinen Eigenschaft „Sensation Seeking" interpretierte. Ab der SSS-V, der fünften SSS-Version in der Publikation von 1978, ergibt die Auswertung jeweils einen allgemeinen Wert für Sensation Seeking und vier differenzierte Werte für die einzelnen Subskalen (Amelang & Bartussek, 2001, S. 387).

Diese folgenden vier Subskalen hat Zuckerman benannt:

1. Thrill and Adventure Seeking (TAS): der Drang nach dem Erleben von aufregenden Sinneseindrücken mithilfe von sog. Risiko-Sportarten wie Paragliding, Autorennen oder Apnoe-Tauchen, wobei ein hohes körperliches Verletzungsrisiko eingegangen wird
2. Experience Seeking (ES): der Drang nach neuartigen Erfahrungen durch Reisen, Bildung und kulturellen Eindrücken nonkonformistischer Art, Kontaktsuche zu sozialen Randgruppen wie z.B. Punks
3. Disinhibition (Dis): der Drang nach dem Erleben aufregender Sinneseindrücke durch exzessive soziale Aktivitäten wie Partys, Festivals, Fußballmatches, in Verbindung mit Drogen- und/oder Alkoholkonsums. Häufig auch Promiskuität
4. Boredom Susceptibility (BS): Aversion gegen monotone Tätigkeiten, alltägliche Routinen, langweilige Menschen und reizarme Umgebungen, die durch Ruhelosigkeit und Ungeduld gekennzeichnet ist (Amelang & Bartussek, 2001, S. 387)

Die international am häufigsten gebräuchliche SSS-V umfasst jeweils zehn Fragen zu jeder der vier Subskalen und damit acht Fragen je Subskala weniger als ihr Vorgänger SSS-IV. Gemessen wird nach dem „Forced-Choice"-Prinzip, d.h. die Befragten müssen sich für entweder Aussage A oder Aussage B entscheiden, die einander gegenübergestellt sind. Beispiel: Ich mag wilde und zügellose Parties (A) oder Ich bevorzuge ruhige Parties mit guter Konversation (B). Es werden dann in den Subskalen die erreichten Punkte 1 oder 0 zusammengezählt bzw. für die allgemeine Eigenschaft Sensation Seeking die Gesamtpunkte (Roth, 2003, S. 97).

Eine Person, die hohe Werte auf der SSS erreicht, beschreibt Zuckerman 1968 als jemand mit der Tendenz zu Extravertiertheit, Non-Konformismus bzw. Anti-sozialem Verhalten und hoher Impulsivität. Der High Sensation Seeker ist aktiv, Nervenkitzel suchend und wenig ängstlich. Er fand eine negative Korrelation mit der Eigenschaft Selbstkontrolle und stellte fest, dass der Extrem-Typ des Sensation Seekers zu Hypomanie, einer abgeschwächten Form der Manie, neigt. Ein High Sensation Seeker braucht ständige Veränderung, Unabhängigkeit von seinem sozialen Umfeld und neigt zu Selbstdarstellung eben durch dieses soziale Umfeld. Die Stimulation von außen ist der Schlüssel zu seinem Aktivierungsgrad, die Voraussetzung dazu liegt in der ständigen Empfänglichkeit für diese Stimulation in der Person des High Sensation Seekers (Roth, 2003, S. 8).

Eine weitere Eigenschaft eines High Sensation Seekers ist die generelle hohe Risikobereitschaft, sei es physisch, sozial oder finanziell, die laut Zuckerman ein zwingendes Merkmal von Sensation Seeking ist (Roth, 2003, S. 10).

Zuckerman selbst sagt über High Sensation Seeker: „The only thing constant in the life of high sensation seekers is change" (Zuckerman, 1994, zitert ausRoth, 2003, S. 11).

Besonderheiten von High Sensation Seekern in Führungspositionen

Aus dieser Definition von Personen mit hohen Werten auf der SSS lässt sich im Hinblick auf die Personalauswahl für Geschäftsführungspositionen Folgendes schlussfolgern:

Eine gute Führungskraft sollte neben hoher Fachkompetenz über ein analytisches Denkvermögen und eine gut entwickelte emotionale Intelligenz verfügen. Damit sichert sie sich die nötige Autorität, kann sinnvolle Entscheidungen im Sinne des Betriebs treffen und Mitarbeiter führen (Becker, 2015, S. 20). Ein High Sensation Seeker wird von Zuckerman als eher nonkonformistisch bis antisozial und impulsiv beschrieben, sodass das Erlangen von emotionaler Intelligenz für ihn eine größere Herausforderung ist als für Low Sensation Seekers. Hohe Fachkompetenz und analytisches Denken sind davon unbenommen und vielleicht sogar eher höher ausgeprägt, da ein HSS ständig neue Erfahrungen sucht und dadurch sein Denken schult und Fachkompetenz durch die hohe Bereitschaft zum Lernen aufgebaut wird.

Bei den Persönlichkeitseigenschaften sollte eine Führungskraft hohe Werte bei Extraversion, Gewissenhaftigkeit und Offenheit für Erfahrungen erreichen. Vor allem Letzteres stuft Becker als essenziell für den Führungserfolg ein, da die vielen schnellen Veränderungen in der heutigen Geschäftswelt nur so gemeistert werden können. Eine Führungskraft muss eine hohe Flexibilität aufweisen, um sich schnell auf neue Ziele, Mitarbeiter und Situationen einstellen zu können (Becker, 2015, S. 20–21). Ein HSS kennzeichnet genau diese große Offenheit für Erfahrungen, er sucht danach. Der ständige Wechsel von Anforderungen hält ihn auf seinem persönlichen optimalen Erregungsniveau, womit er hoch leistungsfähig ist. Die wichtige Führungseigenschaft Extraversion, um auf Menschen zuzugehen, im Team zu arbeiten und seine Ziele und Visionen zu präsentieren, korreliert laut Zuckermans Forschungen stark mit Sensation Seeking. Lediglich beim Merkmal Gewissenhaftigkeit, um die Aufgaben, auch Routineaufgaben, sorgfältig zu erledigen, können HSS keine hohen Werte erzielen.

Im Hinblick auf die hohe Risikobereitschaft der HSS haben Harlow und Brown (1990) nachgewiesen, dass HSS bei Anlagegeschäften risikoreichere Anlageformen wählen als LSS (Raab, 2016, S. 176).

Eine Person mit hohen Werten auf der SSS hat also insgesamt gesehen ein hohes Führungspotential. In einem entsprechend zusammengestellten Führungsteam, in dem der HSS Unterstützung bei der Erledigung von Routinearbeiten und Personalangelegenheiten zur Seite hat und unbedingt auch in seinem Risikoverhalten kontrolliert wird, ist ein Führungserfolg sehr wahrscheinlich. Es ist gut, wenn bekannt ist, dass der Bewerber ein HSS ist und das als Ressource gesehen und entsprechend genutzt wird. Natürlich hängt der Erfolg einer Führungsperson noch von vielen anderen Faktoren ab, die wir hier nicht betrachten können. Für HSS im Speziellen spielt die Art des Unternehmens und die Phase, in der es sich befindet, noch eine wichtige Rolle. So könnte ein HSS ein Unternehmen voranbringen, wenn es expandieren und neue Märkte erschließen will oder bei einem Change-Prozess. Während einer Konsolidierungsphase oder wenn es ein sehr konservatives Unternehmen mit unbedingt einzuhaltenden festen Abläufen und Strukturen ist, wird ein HSS nicht die beste Wahl für die Geschäftsführung sein. Die passende Unternehmensart ist eher visionär und unkonventionell, was für den HSS spannend und neuartig ist, wodurch sein Bedürfnis nach Abwechslung und Stimulation gedeckt wird.

Aufgabe A3

Ängstlichkeit und Angststörungen

Angst greift tief in unser Leben ein, aktiviert oder hemmt die Leistungsfähigkeit, lässt Menschen scheitern oder, wenn man den richtigen Umgang mit ihr findet, Erfolge erzielen. Angst ist eine derart wichtige und lebensentscheidende Emotion, dass sie zeitweise als *die* zentrale Emotion galt, die seit Ende des Zweiten Weltkriegs sowohl normalpsychologisch wie auch psychopathologisch verstärkt erforscht wurde und wird. Pionierarbeit haben um die Jahrhundertwende davor u.a. James im Gebiet der Emotionspsychologie, Freud in der Psychopathologie und Cannon in der Stressforschung geleistet. Schon Freud unterschied zwischen einem zeitlich kurzen Angstaffekt und den zugrundeliegenden habitualisierten Persönlichkeitsmerkmalen Hysterie und Neurasthenie. Er definierte Angst als einen affektiven aktuellen Zustand (state), der durch erhöhte Aktivität des autonomen Nervensystems sowie dem Selbst-Gefühl der Anspannung, Bedrohung und Besorgnis gekennzeichnet ist. Diese Definition bildet die Basis aller bedeutsamen Ansätze in der modernen empirischen Angstforschung (Krohne, 2010, 2010, S. 13–15).

Ängstlichkeit wird nach Spielberger in Abgrenzung zum emotionalen Zustand Angst (state) als Persönlichkeitsmerkmal (trait) angesehen. Dieses Merkmal wird gemessen an der Häufigkeit, mit der jemand Angst-Zustände erlebt bzw. an der Sensibilität für das Spüren von Angst (Spielberger, 1972, S. 31–35).

Im NEO-PI-R, dem Persönlichkeitsinventar nach Costa und McCrae, das Menschen anhand von fünf Faktoren definiert, den „Big Five", ist Ängstlichkeit eine der sechs Facetten des Faktors Neurotizismus. Allgemeine Ängstlichkeit als Facette korreliert stark positiv mit dem Gesamtwert von Neurotizismus, sodass die beiden kaum voneinander unterschieden werden können (Asendorpf, 2019, S. 144).

Ängstlichkeit lässt sich noch weiter differenzieren in mindestens drei Bereiche, die miteinander nur mäßig korrelieren:

Bewertungsängstlichkeit – vermehrte Angst-Zustände in Situationen, in denen persönliches Versagen und Selbstwertverlust droht, hauptsächlich in Prüfungssituationen, umgangssprachlich auch Prüfungs- oder Leistungsangst genannt (Krohne, 2010, 2010, S. 22).

Soziale Ängstlichkeit – ähnliche Angst-Zustände vor Selbstwertverlust wie bei der Bewertungsängstlichkeit. Soziale Ängstlichkeit ist situationskonsistent, folglich hat jemand mit hohen Werten darin in allen sozialen Situationen Angst-Zustände, beim Halten eines Referats genauso wie beim Gespräch mit einem Vorgesetzen oder dem Integrieren in eine neue Gruppe. Als Ursache für diese soziale Ängstlichkeit hat Asendorpf ein empirisch weitgehend bestätigtes zwei-Faktoren-Modell entworfen, das einerseits das frühe Erleben von Ablehnung und Nichtbeachtung durch wichtige Bezugspersonen und andererseits eine chronisch niedrige Schwelle des eigenen Behavioral Inhibition System (BIS) nach Gray identifiziert. Soziale Ängstlichkeit ist also die Erwartung von Ablehnung in sozialen Situationen, die entweder genetisch bedingt oder durch Erfahrung von sozialer Ablehnung entstanden ist (Asendorpf, 2019, S. 144).

Körperbezogene Ängstlichkeit – besondere Angst-Zustände im Hinblick auf die eigene physische Unversehrtheit: vor Operationen, Hundebissen und Schmerzen aller Art. Diese sehr spezifischen Angst-Zustände sind häufig die Grundlage vieler Angststörungen, vor allem der Phobien (Krohne, 2010, 2010, S. 22–23). Körperbezogene Ängstlichkeit äußert sich laut Asendorpf zusätzlich in vielen unspezifischen körperlichen Beschwerden, für die keine körperlichen Ursachen gefunden werden können. Bei subjektivem Krankheitsempfinden gibt es keine objektive Erkrankung, zumindest in dem empfundenen Schweregrad (Asendorpf, 2019, S. 148).

Messung von Ängstlichkeit

Ängstlichkeit als Persönlichkeitsmerkmal lässt sich vor allem durch subjektive Selbsteinschätzung per Fragebogen messen, affektive Angst-Zustände auch durch die Messung körperlicher Reaktionen und Prozesse (Krohne, 2010, 2010, S. 83–84).

Zur Messung der Eigenschaft „allgemeine Ängstlichkeit" wird heute vielfach der State/Trait Anxiety Inventory (STAI) eingesetzt. Er wurde 1983 von Spielberger und seinem Team zur aktuellen Form überarbeitet und erschien originär um 1970. Es handelt sich um einen Selbsteinschätzungsfragebogen mit 20 Items zur Eigenschaft

Ängstlichkeit (trait) und 20 Items zum emotionalen Angst-Zustand (state). Zu jedem Item hat man eine vier-Stufen-Einschätzung von „Nie" über „Manchmal" bis „oft" und „immer". Der Test hat eine hohe Validität und kann im klinischen Bereich z.B. Angststörungen gut von depressiven Störungen abgrenzen (American Psychological Association, 2011). Er ist allerdings beschränkt auf die Messung der Angst vor Selbstwertverlust, kann also für die körperbezogene Ängstlichkeit nicht verwendet werden. Um diese zu messen, haben die Skalen 1 (Angst vor physischer Verletzung) und 7 (Angst vor Angriffen) des Interaktions-Angst-Fragebogens (IAF) von Becker (1997) gute Reliabilitäten. Außerdem sind sehr viele Inventare für bereichsspezifische Angstneigungen in Gebrauch, z.B. vor Operationen der STOA (State/Trait Operationsangst) von Krohne und Schmukle (Krohne, 2010, 2010, S. 81).

Ängstlichkeit als Persönlichkeitsmerkmal kann auch über die Dimension Neurotizismus mithilfe des NEO-PI-R Persönlichkeitsinventars gemessen werden. Wie oben ausgeführt, sind Neurotizismus und allgemeine Ängstlichkeit nicht trennscharf voneinander.

Zwangsstörung versus Zwanghafte Persönlichkeitsstörung

Psychische Störungen sind gekennzeichnet durch ein dysfunktionales, den Betroffenen selbst beeinträchtigendes Verhalten. Die Gedanken und das innere Erleben weichen stark und stetig von der Norm ab und führen zu Leidensdruck beim Betroffenen und seinem Umfeld. Die Einstufung, was noch der Norm entspricht und was nicht mehr, sind über die Zeiten veränderlich. Ein Beispiel dafür ist die Homosexualität, die noch bis 1973 als psychische Störung eingestuft wurde (Myers, 2014, S. 654–655).

Psychische Störungen werden seit über 100 Jahren von der WHO klassifiziert. Dadurch werden Krankheiten weltweit auch statistisch vergleichbar. Zurzeit (seit 01/2022) gilt der ICD-11 (International Classification of Diseases). Der ICD wird regelmäßig alle paar Jahre aktualisiert und beinhaltet alle Krankheiten, psychische und physische (World Health Organization, 2022). Die US-amerikanisch American Psychiatric Association (APA) bringt zur Hilfe bei Diagnose und Behandlung psychischer Störungen das Diagnostische und Statistische Manual Psychischer Störungen (DSM) in regelmäßig aktualisierten Fassungen heraus, zurzeit gilt das DSM-V, das seit 2013 verwendet wird. Dieses System mit fünf Achsen soll der Komplexität einer klinischen Situation Rechnung tragen und die vorhandene Heterogenität vieler Störungen widerspiegeln. Beide Systeme finden in Deutschland Anwendung, das ICD-11 ist für kassenärztliche Abrechnungen verpflichtend (Myers, 2014, S. 659).

Angststörungen sind gekennzeichnet durch das für den Betroffenen sehr quälende Erleiden sich manifestierender, immer wiederkehrender Angst-Zustände und den störenden und unerwünschten Verhaltensweisen, um diese Angst-Zustände zu überwinden. Es existieren verschiedene Angststörungen, darunter Phobien, Panikstörungen, Posttraumatische Belastungsstörungen und Zwangsstörungen (Myers, 2014, S. 663).

Eine Zwangsstörung bedeutet für Betroffene, dass immer wiederkehrende Zwangs-Gedanken und Zwangs-Handlungen sie in ihrem Leben beeinträchtigen. Sie prüfen z.b. zehn Mal, ob eine Tür wirklich geschlossen ist, oder waschen sich so oft die Hände, das ernsthafte gesundheitliche und zeitliche Probleme dadurch aufkommen. Oft ist eine Zwangsstörung im Jugendalter und bei jungen Erwachsenen stärker ausgeprägt als bei älteren Personen (Myers, 2014, S. 666).

Viele Kinder treten nicht auf die Ritzen zwischen den Steinen, sortieren ihre Spielzeuge oder Stifte in bestimmten Formationen oder haben ein ganz bestimmtes Einschlaf-Ritual. Das sind stabilisierende Handlungen, die in der kindlichen Entwicklung als normal gelten. Wenn diese Rituale, Ordnungen und Regeln sich aber zu Zwängen entwickeln, baut sich ein starker Leidensdruck auf die Kinder und späteren Jugendlichen auf. Es werden eigentlich sinnvolle Handlungen so oft wiederholt, dass sie zu zeitintensiv oder auch gesundheitsschädlich werden, weil das Kind das Gefühl hat, es nicht richtig oder nicht oft genug gemacht zu haben (z.B. Hände waschen) und es darum wiederholen muss. Dem betroffenen Kind und Jugendlichen wird die „Peinlichkeit" ihrer Zwangshandlungen mit zunehmendem Alter immer bewusster, genau wie ihr Unvermögen, dagegen etwas auszurichten. Sie versuchen dann, diese Handlungen und Gedanken vor Familie und Freunden zu verheimlichen. Die Zwangshandlungen (z.B. Hände waschen) sollen die quälenden Zwangsgedanken (z.B. die Angst vor Bakterien und Krankheit) auflösen, also helfen, das Gefühl der Angst zu reduzieren (Simons, 2009, S. 630).

Während eine Zwangsstörung (auf Achse I des DSM-V) also eine Angststörung ist, die nur das Individuum selbst betrifft (sein persönliches Umfeld zwar auch, aber nur sekundär), ist ein wichtiges Merkmal der zwanghaften Persönlichkeitsstörung (auch als anankastische Persönlichkeitsstörung bekannt und auf Achse II des DSM-V) die gestörte Interaktion mit anderen Menschen. Alle Persönlichkeitsstörungen sind Interaktionsstörungen (Renneberg, 2018, S. 456).

Die zwanghafte Persönlichkeitsstörung (ZPS) ist durch die ständige Beschäftigung des Betroffenen mit Ordnung, Regeln, Kontrolle und Perfektion gekennzeichnet. Sie halten sich streng an Regeln und Vorgaben (z.B. die Bibel, Arbeitsvorschriften, Gesetze), wirken in der Interaktion mit ihren Mitmenschen stark gehemmt und distanziert und kontrollieren ihre Emotionen rigoros. Dabei sind Betroffene auch „missionarisch" tätig, d.h. sie versuchen, andere Menschen genauso zu reglementieren und zu kontrollieren, wie sie es mit sich selbst tun. Perfektion wird verlangt, sowohl von sich selbst als auch vom Gegenüber. Das führt zu zwischenmenschlichen Problemen, gerade auch im Arbeitskontext. Die Beziehungen zu anderen Menschen sind kühl und distanziert, darum gilt die ZPS auch als Distanzstörung (Schnell, 2016, S. 124–125).

Während die Zwangsstörung den Betroffenen bewusst ist und sie alles dafür tun würden, um sie los zu werden, handelt es sich bei der zwanghaften Persönlichkeitsstörung um eine Ich-syntone Störung, d.h. die Betroffen empfinden sie selbst nicht als Störung, sondern als ihre ureigene Persönlichkeit. Sie sind also in der Regel weniger änderungsmotiviert und sehen sich selbst in der Opfer-Position. Probleme und Schwierigkeiten attribuieren sie auf ihre Mitmenschen oder die Umstände. Diese Ich-Syntonie macht Therapie oft unmöglich, da keine Änderungsmotivation zu erreichen ist (Schnell, 2016, S. 125).

Wie die Zwangsstörung auch entwickelt sich die ZPS schon im Kindes- bzw. Jugendalter und existiert also zum Zeitpunkt der Diagnose schon viele Jahre lang, sie ist chronisch geworden. Persönlichkeitsstörungen werden ihrer ich-syntonen Natur gemäß nicht ihrer selbst wegen, sondern fast immer als Komorbidität zu Achse I-Erkrankungen entdeckt. Beim Aufsuchen einer Praxis wegen Angsterkrankungen oder einer Depression wird oft zusätzlich eine oder mehrere Persönlichkeitsstörungen festgestellt. Die Diagnose auf Persönlichkeitsstörungen erfolgt durch Prüfung, ob eine Mindestanzahl von Symptomen aus der entsprechenden Liste vorliegt. Eindeutige Zuordnung zu einer spezifischen Persönlichkeitsstörung ist allerdings oft nicht möglich, Mehrfachdiagnosen eher die Norm. Die Störungsbilder haben starke Überlappungen (Asendorpf, 2019, S. 117–119).

Die Betroffenen einer Zwangsstörung haben laut Studienlage (z.B. der POTS-Studie von 2004) die besten Behandlungserfolge mit einer Kognitiven Verhaltenstherapie (KVT), dabei speziell der Expositionstherapie mit Reaktionsverhinderung. Je nach

Risikoabwägung kann eine Pharmakotherapie die Behandlung gut unterstützen und in der Studie die Evidenzstärke signifikant erhöhen (Simons, 2009, S. 642–644).

Betroffene der ZPS hingegen galten aufgrund der oben ausgeführten Ich-Syntonie lange als nicht therapierbar. Es ist bei dieser Art von Störung also am wichtigsten, bei den Betroffenen ein Bewusstsein für ihre Störung zu schaffen, das eine erfolgreiche Therapie überhaupt erst möglich macht. Wenn das erfolgt ist, kann eine KVT durchaus erfolgreich sein. Ein interessanter Ansatz dazu ist die psychodramatische Bearbeitung sexueller Begegnungs-Szenen. Hier wird das typische Thema der jeweiligen Persönlichkeitsstörung aufgegriffen, das sich in jeder Form zwischenmenschlicher Interaktion zeigt, und gedanklich in sexuelle Szenerien gebracht unter der Annahme, dass die Problematik sich dort verdichtet offenbart und vom Betroffenen verstanden werden kann (Hintermeier, 2012, S. 71–79).

Einigkeit unter den verschiedenen Ansätzen herrscht bei der vorrangigen Behandlung der in der Regel vorhandenen Achse I-Störung und in der Wichtigkeit des langsamen Aufbaus eines vertrauensvollen therapeutischen Verhältnisses, das geprägt ist durch große Transparenz und Zusammenarbeit. Gerade Betroffenen mit ZPS ist wichtig, dass ihre Autonomie und Entscheidungsfähigkeit niemals infrage gestellt wird, da das ihr zentrales Thema ist. Menschen mit ZPS haben keinen Zugang zu ihren Emotionen, Motiven und Wünschen, sie glauben es aber. Der Therapeut sollte also keine Autoritätsfigur darstellen, um den Patienten Schritt für Schritt in die Eigenreflektion und -verantwortung zu begleiten. Bewusstmachung und langsame, immer transparente Veränderungsmaßnahmen, die der Patient selbst mit beschließt, führen langsam zu Verhaltensänderungen, die ständig neu verhandelt werden müssen. Sachlichkeit ist während der gesamten Therapie das Gebot, zu starke Emotionalisierung des Patienten führt zu Rückschritten, genau wie zu schnelles Vorgehen (Schnell, 2016, S. 129–136).

Die Therapie von Persönlichkeitsstörungen ist für den Therapeuten sehr herausfordernd, sie ist sehr abhängig vom Grad der Ich-Syntonie des Patienten. Oft führt eine ZPS zur Beeinflussung bzw. Verstärkung der Symptome einer Achse I-Störung (z.B. Depressionen), dann ist eine Therapie wichtig für den gesamten Behandlungserfolg. Primär sollten mit dem Patienten also die Symptome angegangen werden, die die Behandlung der vorhandenen Achse I-Störung erschweren bzw. die ein Erreichen seiner persönlichen Ziele behindern (Ritter et al., 2015, S. 282).

Literaturverzeichnis

Amelang, M. & Bartussek, D. (2001). *Differentielle Psychologie und Persönlichkeitsforschung* (5., aktualisierte und erweiterte Aufl.). Kohlhammer.

American Psychological Association. (2011). *The State-Trait Anxiety Inventory (STAI): Construct: Adult anxiety.* www.apa.org/pi/about/publications/caregivers/practice-settings/assessment/tools/trait-state

Asendorpf, J. B. (2019). *Persönlichkeitspsychologie für Bachelor.* Springer Berlin Heidelberg. https://doi.org/10.1007/978-3-662-57613-7

Becker, F. (2015). *Psychologie der Mitarbeiterführung: Wirtschaftspsychologie kompakt für Führungskräfte. Essentials.* Springer.

Eckardt, G. (2017). Die nomothetische Variante einer trait-orientierten Persönlichkeitspsychologie (Eysenck, H. J., 1954; Eysenck, H. J. & Eysenck, M. W., 1987 [1985]. In G. Eckardt (Hrsg.), *Persönlichkeits- und Differentielle Psychologie* (S. 107–114). Springer Fachmedien Wiesbaden. https://doi.org/10.1007/978-3-658-13942-1_16

Hintermeier, S. (2012). Die Bedeutung von Szenen der Sexualität in der Behandlung von Persönlichkeitsstörungen. *Zeitschrift für Psychodrama und Soziometrie, 11*(1), 71–90. https://doi.org/10.1007/s11620-011-0137-2

Hohl, D. (2021). *Leadership neu gedacht.* Springer Berlin Heidelberg. https://doi.org/10.1007/978-3-662-63271-0

Hossiep, R. & Weiß, S. (2017). Testverfahren II: Persönlichkeit und personenbezogene Attribute. In D. E. Krause (Hrsg.), *Personalauswahl* (S. 159–180). Springer Fachmedien Wiesbaden. https://doi.org/10.1007/978-3-658-14567-5_7

Krohne, H. W. (2010, 2010). *Psychologie der Angst: Ein Lehrbuch* (1. Auflage). Verlag W. Kohlhammer.

Myers, D. G. (2014). *Psychologie: Mit 48 Tabellen* (3. Aufl.). *Springer-Lehrbuch.* Springer.

The Myers-Briggs-Company Ltd. (2022). *Über.* eu.themyersbriggs.com/en

Raab. (2016). *Marktpsychologie.* Springer Fachmedien Wiesbaden.

Rammsayer, T. & Weber, J. E. (2016). *Differentielle Psychologie - Persönlichkeitstheorien* (2. Aufl.). *Bachelorstudium Psychologie: Bd. 1.* Hogrefe.

Renneberg, B. (2018). Persönlichkeitsstörungen. In J. Margraf & S. Schneider (Hrsg.), *Lehrbuch der Verhaltenstherapie, Band 2* (S. 455–469). Springer Berlin Heidelberg. https://doi.org/10.1007/978-3-662-54909-4_24

Ritter, K., Köhler, S., Unger, T. & Fydrich, T. (2015). Kognitiv-verhaltenstherapeutische Ansätze bei der Behandlung von Patienten mit Persönlichkeitsstörungen. *Psychotherapeut, 60*(4), 280–289. https://doi.org/10.1007/s00278-015-0034-7

Roth, M. (Hrsg.). (2003). *Sensation seeking - Konzeption, Diagnostik und Anwendung.* Hogrefe, Verl. für Psychologie.

Scharlau, C. (2004). Myers-Briggs Typenindikator — ein ressourcenfokussierendes Instrument für Coaching und Karriereberatung. *Organisationsberatung, Supervision, Coaching, 11*(1), 13–25. https://doi.org/10.1007/s11613-004-0003-4

Schnell, T. (2016). *Praxisbuch: Moderne Psychotherapie.* Springer Berlin Heidelberg. https://doi.org/10.1007/978-3-662-50315-7

Simons, M. (2009). Zwangsstörung. In S. Schneider & J. Margraf (Hrsg.), *Lehrbuch der Verhaltenstherapie* (S. 629–645). Springer Berlin Heidelberg. https://doi.org/10.1007/978-3-540-79545-2_36

Spielberger, C. D. (1972). ANXIETY AS AN EMOTIONAL STATE. In *Anxiety* (S. 23–49). Elsevier. https://doi.org/10.1016/B978-0-12-657401-2.50009-5

World Health Organization. (2022). *International Statistical Classification of Diseases and Related Health Problems (ICD): ICD-11* [The global standard for diagnostic health information]. www.who.int/standards/classifications/classification-of-diseases

BEI GRIN MACHT SICH IHR WISSEN BEZAHLT

- Wir veröffentlichen Ihre Hausarbeit,
  Bachelor- und Masterarbeit

- Ihr eigenes eBook und Buch -
  weltweit in allen wichtigen Shops

- Verdienen Sie an jedem Verkauf

Jetzt bei www.GRIN.com hochladen und kostenlos publizieren